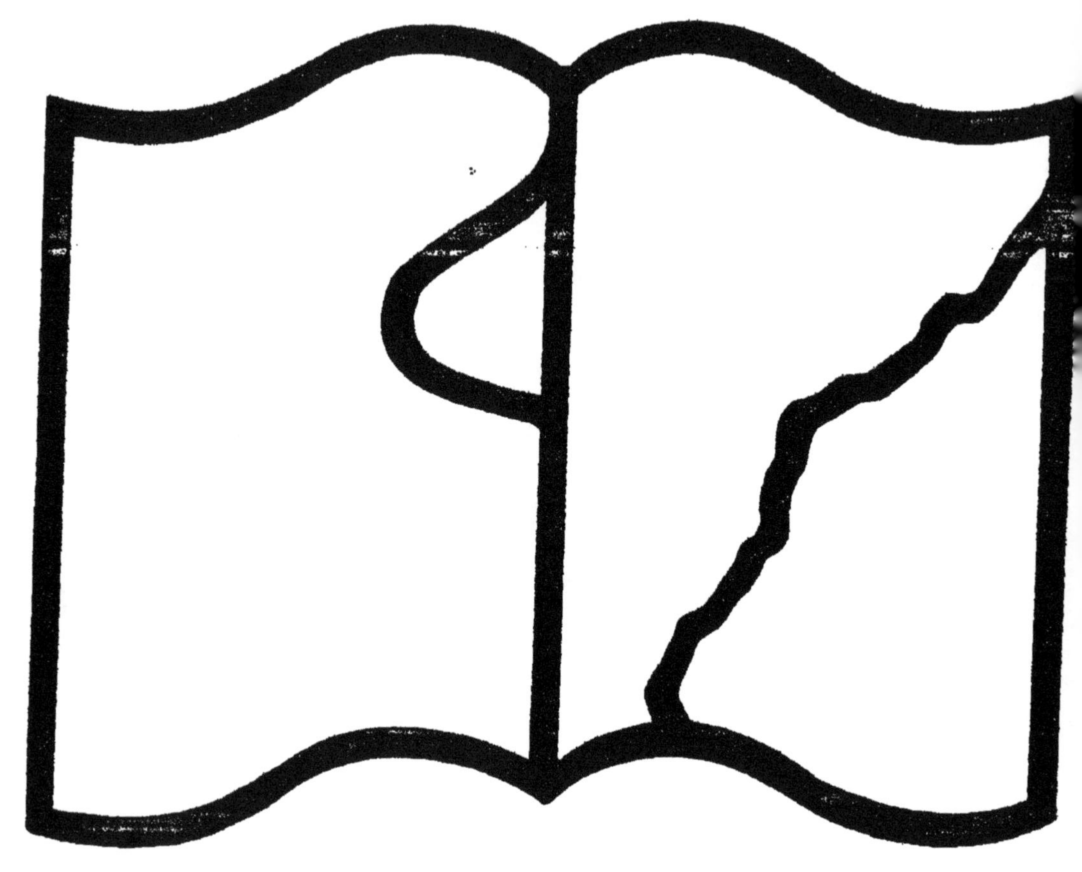

**Symbole applicable
pour tout, ou partie
des documents microfilmés**

Texte détérioré — reliure défectueuse

NF Z 43-120-11

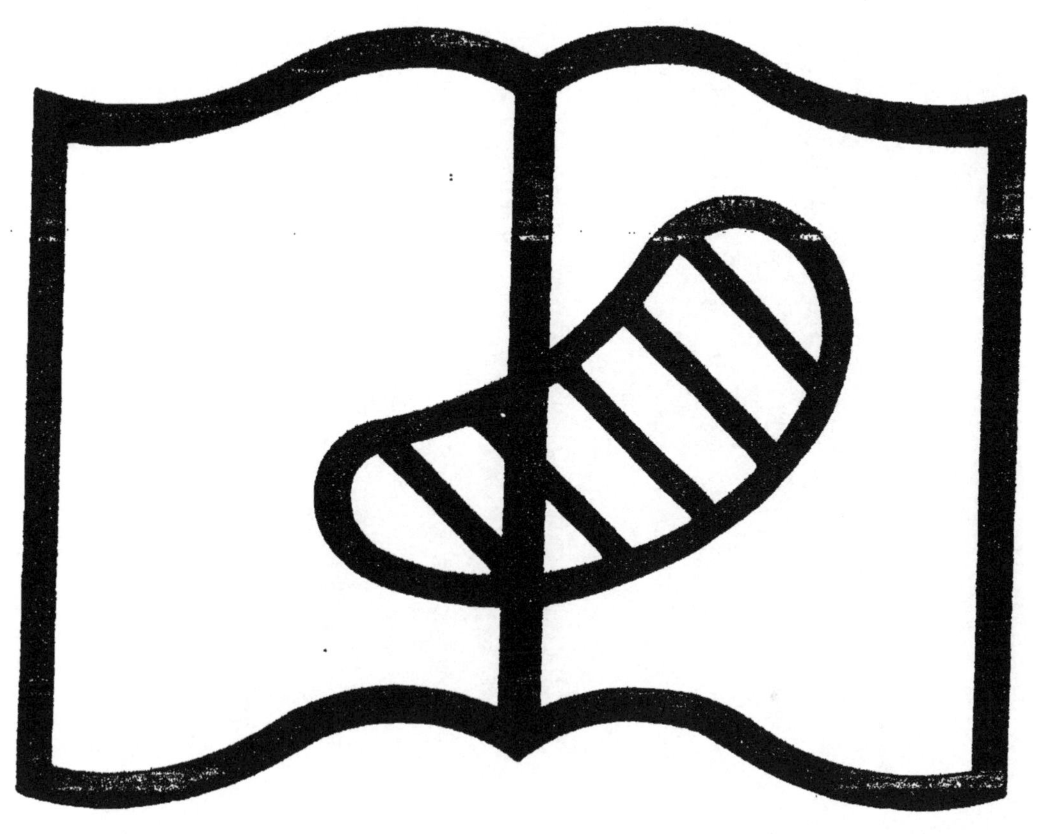

**Symbole applicable
pour tout, ou partie
des documents microfilmés**

Original illisible

NF Z 43-120-10

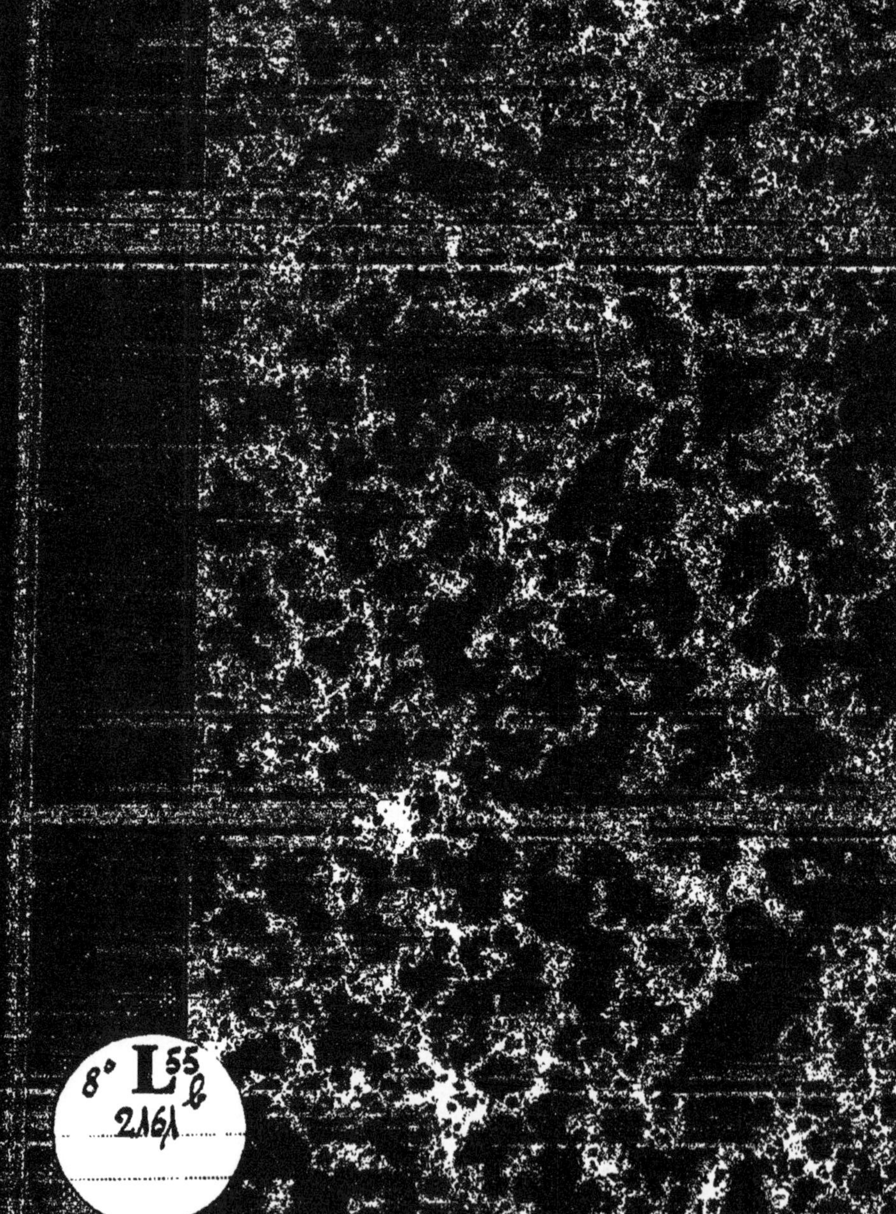

DES INTÉRÊTS

DE LA FRANCE

EN ÉGYPTE.

DES INTÉRÊTS

DE LA FRANCE

EN ÉGYPTE,

PAR

LOUIS JOURDAN.

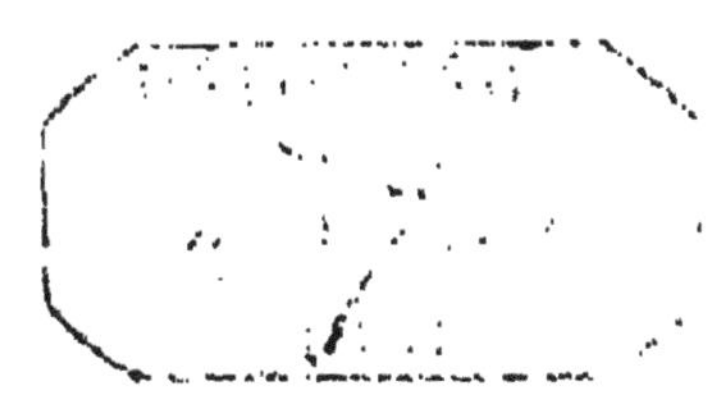

PARIS

CHEZ AMYOT, LIBRAIRE,

RUE DE LA PAIX, C.

1851

DES INTÉRÊTS

DE LA FRANCE

EN ÉGYPTE.

I

Il se passe en ce moment dans le monde, — et sur le point du monde qui nous intéresse le plus, à coup sûr, — il se passe des faits qui ont pour nous une importance capitale, qui doivent exercer sur nos destinées, et dans un avenir prochain, une influence décisive. C'est à peine cependant si nous nous en occupons, si nous daignons leur accorder quelque attention.

Nous voulons parler du changement qui s'opère en Égypte, du terrain que nous perdons sur ce sol qui avait presque été jusqu'ici un sol français.

de la lutte sourde qui s'est engagée entre le cabinet de Constantinople et le successeur de Méhémet-Ali, et enfin des conséquences que cette lutte peut entraîner au détriment de notre prépondérance extérieure et de nos intérêts maritimes et commerciaux.

Celui qui écrit ces lignes est peut-être moins mal placé qu'un autre pour appeler, sur cette question si importante, la sollicitude des hommes qui peuvent exercer quelque influence aujourd'hui sur les destinées de notre patrie. Né sur les bords de la Méditerranée, dans notre grand port militaire du Midi; voyageur en Sicile, dans les îles Ioniennes, en Grèce, dans l'Archipel, en Algérie et dans les pays soumis à la domination musulmane, il a fait du grand problème qui, depuis plus d'un demi-siècle, s'agite entre les sociétés européennes et le monde islamique, l'objet de sa constante étude. Instruit, par l'un des hommes qui connaissent le mieux les intérêts dont il va être question, de tous les actes, de tous les incidents relatifs à la situation dont la gravité met en péril notre influence séculaire en Orient, il considère comme un devoir, en quelque sorte, de dérober quelques instants à de rudes travaux quotidiens pour éclaircir, pour résumer les faits propres à avertir l'opinion publique.

Une série d'articles spéciaux, fussent-ils publiés dans le journal le plus répandu, n'atteindraient pas le but que nous nous proposons. Nos douloureuses luttes intérieures y font obstacle, et en voici d'ailleurs une preuve récente :

Un des hommes qui connaissent le mieux les hommes et les choses de l'Orient, M. Ubicini, a publié dans le *Moniteur universel* une série de lettres sur la Turquie. Cette publication n'eût pas eu les résultats que l'on en doit attendre si l'auteur n'eut réuni en un corps de volume (1) ces remarquables lettres, disséminées dans la vaste collection du *Moniteur*. Nous terminons par où il a fini, heureux si nous pouvons parvenir ainsi à provoquer, sur le sujet que nous abordons, l'attention des esprits sérieux.

Après les débats retentissants qui viennent de tenir, pendant la semaine dernière (2), la France et l'Europe attentives, il est temps, ce nous semble, d'échapper à ces fiévreuses agitations qui se produisent périodiquement, depuis deux ans, dans les régions officielles, et de là, se répandent, par de rapides dégradations, dans toutes les classes de la société française.

---

(1) *Lettres sur la Turquie*. 1re partie, 1 vol. in-18. Chez Guillaumin, éditeur, rue Richelieu, 14.

(2) Discussion sur la révision de la Constitution à l'Assemblée législative de France (séances des 14, 15, 16, 17, 18 et 19 juillet 1851).

Est-ce trop exiger que de demander à nos hommes d'État quelque soin des plus chers intérêts de la France, quelque souci de sa dignité et de son influence au dehors?

Sans doute, et nous le savons, les peuples, aussi bien que les individus, sont soumis à des lois générales, à des instincts de conservation. Il est donc tout naturel que notre pays s'occupe beaucoup de sa situation intérieure, des éventualités les plus prochaines, des combinaisons politiques les plus immédiates. Mais évidemment tout n'est pas là; il y a autre chose dans la vie d'un peuple. Que dirions-nous d'un homme qui, redoutant à juste titre l'invasion du choléra ou de la peste, ne penserait plus qu'à s'approvisionner de camphre, de flanelle, de médicaments, et négligerait d'une manière absolue les avantages ultérieurs de sa position, ses intérêts de famille ou d'affaires, son avenir et celui de ses enfants?

Nous louerions sans contredit sa prudence à l'endroit du choléra, mais nous le blâmerions de se laisser absorber par elle à ce point, qu'après avoir échappé à l'épidémie, il pût se trouver sans ressources pour lui et les siens.

On a persuadé à la France que les élections de 1852 étaient un véritable choléra politique. On le lui a tant dit, qu'elle a fini par le croire et par le redouter; rien de mieux! Faisons tout ce qu'il est possible de faire pour nous garantir de ce prétendu fléau ; rien de mieux encore ! Mais, au nom du ciel, ne nous laissons pas absorber par cette terreur qui n'est peut-être qu'imaginaire, et n'accroissons pas le mal par une coupable négligence de nos affaires extérieures qui sont après tout les affaires du pays, celles de notre honneur national, aussi bien que celles de notre commerce et de notre industrie. Si, comme c'est probable, le terrible mois de mai 1852 nous laisse debout, nous nous trouverons bien de ces utiles préoccupations ; s'il en est autrement, ainsi qu'on s'amuse à nous le prédire, nous aurons fait du moins notre devoir, le devoir d'une grande nation.

Depuis le jour où Bonaparte assit en Egypte notre influence sur des bases si glorieuses, nous vivons sur une idée fixe, sur un préjugé : c'est que cette influence est indestructible. L'Égypte nous a aimés, nous lui avons inspiré une passion très vive, et nous avons la fatuité de croire que cet amour est immortel, que cette passion ne peut s'éteindre.

Cette confiance absolue en nous-mêmes est à la fois une des qualités et un des défauts de notre caractère national ; il ne faut donc la blâmer qu'à demi. Il est juste de reconnaître aussi, comme atténuation, que, dans sa longue carrière, le grand homme qui a porté si haut les destinées de l'Égypte,

Méhémet-Ali, a contribué à entretenir cette confiance aveugle. Il aimait instinctivement notre civilisation et nos mœurs ; de tous les suffrages, c'était celui de la France qu'il ambitionnait le plus ; il accueillait nos compatriotes avec une généreuse et bienveillante hospitalité ; il les plaçait à la tête de ses administrations, de son armée, de sa marine, de ses écoles ; il envoyait parmi nous les jeunes gens appartenant aux familles les plus influentes ; il y envoyait ses propres fils pour s'y instruire, pour s'y inspirer de nos efforts, pour y acquérir des connaissances spéciales.

Mais au moment où cette moisson allait éclore, où ces semences allaient porter leurs fruits, Mehémet-Ali et Ibrahim-Pacha sont morts presque simultanément, et si nous n'y prenons garde, la moisson va sécher sur pied, la semence va se flétrir.

C'est que l'Égypte n'est pas une individualité nationale, il s'en faut de beaucoup ; il n'y a pas là de peuple qui vive, qui tressaille, qui manifeste ses sympathies ou ses haines ; c'est un corps inerte dont le vice-roi est l'âme. Cette âme, quand elle s'appelait Méhémet-Ali, résonnait à notre contact ; aujourd'hui elle s'appelle Abbas-Pacha, et muette sous notre main, elle ne résonne qu'au contact d'un agent anglais. Là est tout le péril de la situation ; non que nous cédions au vieux préjugé de rivalité

qui a si longtemps divisé les deux premières nations
européennes; mais il s'agit du point du globe qui
est la grande route de l'Inde; mais nous savons que
l'influence de l'Angleterre, si elle devait s'exercer
en Egypte d'une façon exclusive et avouée, s'y
exercerait au profit de sa seule nationalité; tandis
que l'influence plus désintéressée de notre pays s'y
est exercée et doit s'y exercer encore au profit de
la civilisation tout entière.

Les deux noms que nous venons de citer —
Mehemet-Ali, Abbas-Pacha — résument donc l'é-
tat ancien et l'état actuel de l'Égypte.

Lorsqu'en 1840 M. Thiers risquait de mettre le
feu à l'Europe, il agissait sans doute en sous-lieu-
tenant bien plus qu'en homme d'État, et Dieu sait
de quel prix nous avons payé cette étourderie
éclose des souvenirs de l'Empire. Mais M. Thiers
était du moins fidèle à notre grande tradition ré-
volutionnaire. Il défendait le principe de la civilisation orientale, dont Mehémet-Ali était la vivante
personnification, contre l'élément rétrograde re-
présenté par le divan de Constantinople que soute-
naient alors l'Autriche et la Russie, les deux nations
les plus rétrogrades de l'Europe.

L'Angleterre, — nous n'en faisons pas un crime
à l'intelligence et au cœur de cette nation amie,
mais nous en faisons un crime à l'exigence impé-
rieuse de ses intérêts manufacturiers, — l'Angle-

terre prit parti alors contre l'Égypte et contre Mehémet-Ali, c'est-à-dire contre la cause de la civilisation et du progrès. A cette époque en effet, qu'on ne l'oublie pas, le Caire était le Paris de l'Orient, Constantinople en était l'antipode ; Méhémet-Ali pénétrait l'esprit du Coran ; le Divan, cédant encore à une influence que le jeune Sultan Abd-ul-Medjid se préparait à régénérer, le Divan se penchait sur la lettre morte ; l'un regardait l'avenir, l'autre le passé. Nous étions avec Mehémet-Ali, l'Angleterre était dans le camp opposé.

Aujourd'hui l'axe s'est déplacé. L'élément rétrograde n'est plus à Constantinople, il est au Caire, — et nous le prouverons. Cette fois l'Angleterre, s'il faut en juger par les tendances qui se manifestent, semble devoir être avec l'Égypte ; et en cela, elle est conséquente avec elle-même, conséquente avec sa conduite de 1840, ce qui prouve que son intérêt n'a pas changé.

Mais nous, mais la France, où est-elle ? avec qui est-elle ? quel but poursuit-elle ? Il est difficile de le préciser, et nos hommes d'État seraient peut-être embarrassés de répondre avec quelque netteté à ces questions.

Il n'est cependant pas, parmi les nombreuses difficultés que soulève notre politique extérieure, il n'est pas de point plus délicat, plus important que celui dont nous parlons. A Londres, à Vienne, à Berlin, à Saint-Pétersbourg, nous pouvons éprouver des échecs, nous pouvons compromettre des principes, mais ces échecs seront toujours réparables, ces principes ne périront pas. Au Caire, ce serait autre chose, un échec de notre politique serait un malheur public, une irréparable calamité.

C'est pour mettre en lumière les périls de cette situation ; c'est pour éveiller l'attention, sinon de tous, au moins de quelques uns, que nous prenons la plume et que nous jetons ce cri d'alarme. Puisse-t-il être entendu !

Nous n'apportons ici ni doctrine, ni système préconçus ; ce sont des faits que nous exposons, faits peu connus en Europe, mal présentés, épars çà et là. Nous allons nous efforcer de les compléter et de les préciser d'après les renseignements exacts dont nous avons parlé plus haut ; nous les grouperons avec le plus de clarté possible en suivant l'ordre que voici :

Où en est la Turquie, et pourquoi marche-t-elle en ce moment dans le sens de la civilisation occidentale ?

Pourquoi l'Égypte rétrograde-t-elle ?

Quelle est la solution possible du conflit qui les divise?

Qui doit être maître de la route de l'Inde?

En ce malheureux temps de solution nous ne donnerons pas dans le travers si commun d'annoncer une solution inévitable pour chacun des problèmes que nous allons examiner. Mais nous serons guidé dans cet examen par un sincère amour de la vérité, et puis aussi, pourquoi ne pas le dire? par une irrésistible sympathie pour cet Orient béni du soleil, pour ce sol splendide auquel se rattachent les plus doux souvenirs de notre jeunesse.

II

Les événements de 1840 et les traités auxquels ils ont donné naissance ont eu pour résultat, ainsi que nous venons de l'indiquer, de déplacer l'axe de la civilisation orientale. Le fameux *tanzimat* ou constitution de Gul-Hané, — nom de la vaste plaine où cette constitution fut proclamée en présence de tous les grands dignitaires de l'Empire Ottoman et des représentants des puissances européennes, — le tanzimat lui-même ne dut qu'aux événements de cette époque son retentissement et sa portée politique.

L'Empire Ottoman, que Méhémet-Ali et Ibrahim-Pacha venaient de mettre à deux doigts de sa ruine, se sentit renaître. On eût dit que l'Égypte, rattachée au tronc impérial, y faisait tout à coup circuler sa sève et sa jeunesse. La vice-royauté, il est vrai, était proclamée héréditaire dans la famille de Méhémet-Ali, mais l'Égypte, du moins, devenait une province turque, et cette conquête de fait, sinon de droit, imposait au chef de l'Empire une responsabilité nouvelle, des devoirs nouveaux.

Pour mettre nos lecteurs à même d'apprécier le mouvement social qui s'accomplit à Constantinople et la situation réelle de la Turquie par rapport à l'Égypte actuelle, nous croyons devoir placer sous leurs yeux une traduction très-exacte de l'acte constitutif de Gul-Hané, acte peu connu d'ailleurs parmi nous :

« Tout le monde sait que dans les premiers temps de la monarchie ottomane, les préceptes du glorieux Coran et les lois de l'Empire étaient une règle toujours honorée. En conséquence, l'Empire croissait en force et en grandeur, et tous les sujets, sans exception, avaient acquis au plus haut degré l'aisance et la prospérité.

» Depuis 150 ans, une succession d'accidents et de causes diverses ont fait qu'on a cessé de se conformer au code sacré des lois et aux réglements qui en découlent, et la force et la prospérité intérieures se sont changées en faiblesse et en appauvrissement ; c'est qu'en effet un empire *perd toute stabilité quand il cesse d'observer les lois.*

» Ces considérations sont sans cesse présentes à notre esprit, et depuis le jour de notre avénement au trône la pensée du bien public, de l'amélioration de l'état des provinces et *du soulagement des peuples* n'a cessé de nous occuper uniquement. Or, si on considère la position géographique des provinces ottomanes, la fertilité du sol, l'aptitude et l'intelligence des habitants, on demeurera convaincu qu'en s'appliquant à trouver les moyens efficaces, le résultat, qu'avec le secours de Dieu nous espérons atteindre, peut être obtenu dans l'espace de quelques années.

» Ainsi donc, plein de confiance dans le secours du Très-Haut, appuyé sur l'intercession de notre Prophète, nous jugeons convenable de chercher, *par des institutions nouvelles*, à procurer aux provinces qui composent l'Empire Ottoman le bienfait d'une bonne administration.

» Ces institutions doivent porter principalement sur trois points :

1° Les garanties qui assurent à nos sujets une parfaite sécurité quant à *leur vie, leur honneur et leur fortune* ;

» 2° Un mode régulier d'asseoir et de prélever les impôts ;

» 3° Un mode également régulier pour la levée des soldats et la durée de leur service.

» En effet, la vie et l'honneur ne sont-ils pas les biens les plus précieux qui existent ? Quel homme, quelque soit l'éloignement que son caractère lui impose pour la violence, pourra s'empêcher d'y avoir recours, et de nuire par là *au gouvernement et au pays*, si sa vie et son honneur sont mis en danger ? Si au contraire il jouit à cet égard d'une sécurité parfaite, il ne s'écartera pas des voies de la loyauté, et tous ses actes concourront au bien du gouvernement et de *ses frères*.

» S'il y a absence de sécurité à l'égard de la fortune, tout le monde reste froid à la voix du *prince* et de la *patrie*; personne ne s'occupe du progrès de la fortune publique, absorbé qu'il est par ses propres inquiétudes. Si au contraire *le citoyen* possède avec confiance ses propriétés de toute nature, alors, plein d'ardeur pour ses affaires dont il cherche à étendre le cercle *afin d'étendre celui de ses jouissances*, il sent chaque jour redoubler en son cœur l'amour du prince et de la patrie, le dévoûment à son pays, et ces sentiments deviennent en lui la source des actions les plus louables.

» Quant à l'assiette régulière et fixe des impôts, il est très-important de régler cette matière, car l'État qui, pour la défense de son territoire, est obligé à des dépenses diverses, ne peut se procurer l'argent nécessaire pour ses armées et autres services que par les contributions levées sur ses sujets.

» Quoique, grâce à Dieu, ceux de notre Empire soient pour quelque temps délivrés du fléau des monopoles regardés mal à propos autrefois comme une source de revenus, un usage funeste subsiste encore, quoiqu'il ne puisse avoir que des conséquences désastreuses : c'est celui des concessions vénales connues sous le nom d'*Iltizam*.

» Dans ce système, l'administration civile et financière d'une localité est livrée à l'arbitraire d'un seul homme, c'est-à-dire quelquefois à la main de fer des passions les plus violentes et les plus cupides, car si ce fermier n'est pas bon il n'aura d'autre soin que celui de son propre avantage.

» Il est donc nécessaire que désormais chaque membre de la société ottomane soit taxé pour une quotité d'impôt déterminée, en raison *de sa fortune et de ses facultés*, et que rien, au-delà, ne puisse être exigé de lui.

» Il faut aussi que des lois spéciales fixent et limitent les dépenses de nos armées de terre et de mer.

» Bien que, comme nous l'avons dit, la défense du pays soit une chose importante et que ce soit un devoir pour tous les habitans de fournir des soldats à cette fin, il est nécessaire d'établir des lois pour régler le contingent que devra fournir chaque localité selon les nécessités du moment et pour réduire à 4 où 5 ans le temps du service militaire. Car c'est à la fois faire une chose injuste et *porter un coup mortel à l'agriculture et à l'industrie du pays* que de prendre, sans égard à la population respective des lieux, dans l'un plus, dans l'autre moins d'hommes qu'ils n'en peuvent fournir ; de même que c'est réduire les soldats au désespoir et contribuer à la dépopulation du pays que de les retenir toute leur vie au service.

» En résumé, sans les diverses lois dont on vient de voir la nécessité, il n'y a pour l'Empire ni force, ni richesse, ni bonheur, ni tranquillité ; il doit au contraire les attendre de l'existence de ces lois nouvelles.

» C'est pourquoi désormais la cause de tout prévenu sera jugée publiquement, conformément à notre loi divine, après enquête et examen ; et tant qu'un *jugement régulier* ne sera point prononcé, personne ne pourra, secrètement ou publiquement, faire périr une autre personne par le poison ou par tout autre supplice.

» Il ne sera permis à personne de porter atteinte à l'honneur de qui que ce soit.

» Chacun possédera ses propriétés de toute nature et en disposera avec la plus entière liberté sans que personne puisse y porter obstacle ; ainsi, par exemple, les héritiers innocents d'un criminel ne sont point privés de leurs droits égaux, et les biens du criminel *ne seront point confisqués.*

» Ces concessions impériales s'étendent à tous mes sujets de *quelque religion ou secte* qu'ils puissent être ; ils en jouiront sans exception.

» Une sécurité parfaite est donc accordée par nous aux habitants de l'Empire dans leur vie, leur honneur et leur fortune, ainsi que l'exige le texte sacré de notre loi.

» Quant aux autres points, comme ils doivent être réglés par le concours d'opinions éclairées, notre conseil de justice (augmenté de nouveaux membres autant qu'il sera nécessaire) auquel se réuniront, à certains jours que nous déterminerons, nos ministres et les notables de l'Empire, s'assemblera à l'effet d'établir des lois réglementaires sur ce point de la sécurité pour la vie et la fortune, et sur celui de l'assiette des impôts.

» Les lois concernant la régularisation du service militaire seront débattues au conseil militaire tenant séance au palais du Séraskier. Dès qu'une loi sera terminée, elle nous sera présentée, et afin qu'elle soit à jamais valable et exécutoire, nous la confirmerons de notre sanction que nous écrirons en tête, de notre main impériale.

» Comme ces présentes institutions n'ont pour but que de faire refleurir la religion, le gouvernement, la nation et l'Empire, nous nous engageons à ne rien faire qui y soit contraire.

» Comme gage de notre promesse, nous voulons, après les avoir déposées dans la salle qui renferme le manteau glorieux du Prophète en présence de tous les Ulémas et grands de l'Empire, faire serment par le nom de Dieu et faire jurer ensuite les Ulémas et les grands de l'Empire.

» Après cela, celui des Ulémas ou des grands de l'Empire ou toute autre personne que ce soit qui violerait ces institutions, subira, *sans qu'on ait égard au rang, à la considération et au crédit de personne*, la peine correspondante à la faute bien constatée. Un code pénal sera rédigé à cet effet.

» Comme tous les fonctionnaires de l'Empire reçoivent aujourd'hui un traitement convenable, et qu'on régularisera les appointements de ceux dont les fonctions ne sont pas encore suffisamment rétribuées, une loi rigoureuse sera portée *contre le trafic de la faveur et des charges* (*Richvet*) que la loi divine réprouve et qui est une des principales causes de la décadence de l'Empire.

» Les dispositions ci-dessus arrêtées, étant une altération et une novation complète *des anciens usages*, ce rescrit impérial sera publié à Constantinople et dans tous les lieux de notre Empire, et devra être communiqué officiellement à tous les ambassadeurs des puissances amies résidant à Constantinople, *pour qu'ils soient témoins* de l'octroi de ces institutions qui, s'il plaît à Dieu! dureront à jamais.

» Sur ce, que Dieu très-haut nous ait en sa sainte et digne garde!

» Que ceux qui feront un acte contraire aux présentes institutions, soient l'objet de la malédiction divine et privés pour toujours *de toute espèce de bonheur!* »

Il est inutile d'insister sur le caractère et la valeur sociale d'un pareil acte proclamé en Turquie, par le chef de l'Islamisme. Nous avons souligné à dessein quelques mots qui suffisent à indiquer qu'une grande évolution politique et morale s'accomplit en Orient, et que le souffle régénérateur du XIXe siècle sous lequel s'ébranlent les sociétés européennes, est bien près d'ébranler le vieux monde oriental. Ce n'était qu'une Charte, peut-on nous objecter, et nous savons en France comment on a traité les Chartes octroyées et jurées! Ce n'était qu'une Constitution, et nous savons comment on les exécute! Mais c'était déjà quelque chose, c'était beaucoup.

Il fallait appliquer ces théories, tirer de ces principes des conséquences pratiques. Une fois rassuré par les traités de 1840-41, plus rassuré encore par la mort de ses deux illustres adversaires qu'il redoutait, même après leur défaite diplomatique, le divan respira. Le jeune Sultan se mit à l'œuvre avec un courage et une résolution que nous ne saurions trop admirer, surtout si nous songeons au double obstacle que ce sage et pacifique réformateur devait rencontrer soit dans les préjugés et le fanatisme musulmans, soit dans l'influence rétrograde du cabinet de Saint-Pétersbourg.

Dieu permit que le Sultan rencontrât, pour seconder ses vues et exécuter ses desseins, un homme d'une trempe peu commune et dont les tendances libérales s'accordaient parfaitement avec les siennes; et ce n'est pas le moindre des titres d'Abd-ul-Medjid aux sympathies et à la reconnaissance du monde civilisé que d'avoir su s'entourer, malgré des résistances et des intrigues dont la connaissance des mœurs du harem peut seule donner une idée, que d'avoir su s'entourer des hommes les plus capables de concourir à l'accomplissement de sa tâche si difficile et si glorieuse.

Réchid-Pacha prit en mains, sous la direction d'Abd-ul-Medjid, la cause du progrès et de la civilisation au moment où Méhémet-Ali et Ibrahim, qui avaient soutenu cette sainte cause en Égypte, terminaient leur carrière. C'est ainsi que l'œuvre humaine s'accomplit sans relâche en des lieux et par des instruments différents.

Réchid, grand-visir, fonction qui n'a pas d'équivalent parmi nous, puisque le grand-visir est le chef de toutes les administrations, le centre auquel

aboutissent tous les services publics, le *portefaix*
de l'Empire, en un mot, suivant l'étymologie de
son titre, Réchid est doué d'un esprit calme, de connaissances étendues, d'un jugement sain et rapide,
d'une infatigable persévérance. L'habitude des
affaires développe et développera de plus en plus
sans doute ces qualités précieuses dont l'emploi n'a
pas toujours été favorable à nos intérêts. Mais tout
porte à croire que Réchid-Pacha, mieux éclairé
désormais, ne séparera plus la cause de la civilisation de celle de la France.

Fin, de cette finesse orientale qui se laisse d'autant moins pénétrer qu'elle s'enveloppe dans les plis
d'une dignité inaltérable, habile, fécond en ressources, voyant juste et voyant loin, Réchid-Pacha est
sans contredit l'homme qui pouvait le mieux comprendre la pensée d'Abd-ul-Medjid, et l'aider à
mener à bonne fin une aussi vaste entreprise que
celle de la réforme telle qu'elle est définie par
l'acte que nous avons transcrit plus haut. Success-
sivement ambassadeur à Londres et à Paris, il a
étudié le mécanisme des gouvernements européens,
il a observé notre civilisation, il a compris la nature
du lien qui devait unir les sociétés mulsumanes
aux sociétés chrétiennes, et il s'est mis à l'œuvre.

A coté et au-dessous de Réchid, le Sultan a
placé un homme qui semble devoir remplir aussi
un rôle important dans l'œuvre de rénovation qui se

poursuit avec une si louable énergie. Nous voulons parler d'A'Ali-Pacha, ministre des affaires étrangères, qu'une étroite et solide amitié, une parfaite conformité d'idées et d'opinions unissent, jusqu'ici, à Réchid.

A'Ali connaît aussi la France qu'il a habitée en qualité de secrétaire d'ambassade ; c'est un homme éclairé, d'une instruction solide, et ce qui vaut mieux encore, c'est un homme de grand cœur.

C'est en soutenant de sa souveraine influence son premier ministre contre les intrigues incessantes que le parti rétrograde dresse sans cesse sous ses pas ; c'est en inspirant sans cesse Réchid de ses sentiments et de ses idées ; c'est en faisant de lui l'instrument le plus actif de la réforme, que le Sultan a pu accomplir depuis quelques années de véritables prodiges et changer la face de la Turquie. Par lui, la déclaration de Gul-Hané n'est pas restée une lettre morte ; cette Charte,—et il ne fallait pas moins que l'Orient pour accomplir un tel miracle ! — cette Charte est devenue une vérité.

Notre intention n'est pas d'entrer dans les détails de l'organisation actuelle de l'Empire ; une pareille description n'entrerait pas dans les limites que nous nous sommes tracées, et nous éloignerait d'ailleurs du but de ce rapide travail. Il nous suffit de constater, d'après des documens authentiques, —et ces renseignemens sont en partie confirmés par l'excellent ouvrage de M. Ubicini que nous avons déjà cité, — il nous suffit de constater, disons-nous, que la réforme s'étend aujourd'hui non seulement aux principales branches de l'administration, à toutes les relations de l'État avec les citoyens, mais qu'elle est appliquée dans le plus grand nombre des provinces de l'Empire.

Ces nombreuses améliorations, et notamment celles qui ont pour objet l'organisation municipale, sont l'objet de l'incessante sollicitude de Réchid-Pacha, et deux inspecteurs généraux chargés de veiller à la stricte exécution des lois nouvelles sur tous les points du territoire, rencontrent des populations merveilleusement disposées.

Sans doute, il ne faut pas se faire illusion et croire que la société musulmane est arrivée en Turquie à l'apogée de son perfectionnement. Si nous voulions entrer ici dans les détails de l'administration, dans la gestion des finances du pays, sans doute nous trouverions de justes critiques à mettre en regard d'éloges mérités. Mais une pareille étude, ainsi que nous l'avons dit, nous éloignerait de notre but. Nous voulons mettre en évidence le mouvement progressif qui entraîne la Turquie, nous considérons ce mouvement dans son ensemble, dans son allure générale, et nous nous bornons à indiquer ce qui est nécessaire à notre argumentation. La Turquie, par ses efforts, est digne de l'appui et des encouragements de l'Europe civilisée, nous croyons l'avoir suffisamment prouvé. Il reste à cette grande nation beaucoup à faire, nous le savons, et moins que personne le Sultan ne se le dissimule ; mais elle marche, elle marche en avant, et c'est beaucoup, après deux siècles d'immobilité ou de mouvement en arrière. La transformation est telle déjà qu'un riche propriétaire Turc, un Osmanlï de la vieille souche, disait récemment avec tristesse à l'un de nos amis : « L'Empire s'en va! » Nous ne savons pas de plus bel éloge pour les hommes qui sont actuellement à la tête des affaires à Constantinople, car cette parole signifie que les anciens abus disparaissent, et que l'esprit du Coran va vivifier ce vieux monde. L'Empire s'en va ! Combien aussi, parmi nos pères, lorsque la grande réforme de 1789 commença à poindre à l'horizon, s'écrièrent mélancoliquement : La France s'en va ! Nous souhaitons à l'empire Turc qu'il s'en aille comme s'en est allée la France.

Et maintenant, nous le demandons à tout homme de bonne foi, lorsque Abd-ul-Medjid et ses ministres s'efforcent ainsi d'étendre à toutes les parties du vaste État qu'ils gouvernent, les bienfaits d'une réforme intelligente, peuvent-ils, doivent-ils souffrir qu'une seule province, la plus importante sans contredit par son passé, par sa position géographique, l'Egypte en un mot, oppose une résistance aveugle et insensée à cette salutaire contagion du progrès?

Évidemment non.

Or, c'est ce qui arrive. L'Egypte qui, sous Méhémet-Ali, entraînait presque le gouvernement de Constantinople dans son orbite, dans sa marche progressive, l'Egypte est aujourd'hui, sous Abbas-Pacha, privée des améliorations administratives et sociales dont le Sultan poursuit, depuis dix ans, l'application avec une admirable persévérance.

C'est ce que nous allons démontrer par l'examen sommaire de la situation actuelle de l'Égypte, et de la position que les traités lui ont faite.

Car il ne faut pas perdre de vue qu'à tort ou à raison, — ce n'est pas ici le lieu de l'examiner—les conditions d'existence politique de l'Égypte et les devoirs du gouvernement Turc à l'égard de cette province, ont été profondément modifiées par les événemens et les traités de 1840. Ces traités existent, il faut les exécuter, et le vice-roi aurait d'autant plus mauvaise grâce à tenter de s'y soustraire que, s'il gouverne l'Égypte aujourd'hui, c'est à ces mêmes traités qu'il doit sa haute position.

Plaçons donc en présence de la rapide esquisse que nous venons de tracer, un aperçu de ce qui se passe en Egypte.

Les deux termes de la question étant ainsi bien connus, il nous sera facile d'apprécier la nature et les véritables causes du différend qui, par suite des résistances d'Abbas-Pacha, s'est élevé entre le Caire et Constantinople. Et comme, en grattant l'Égyptien, nous trouverons infailliblement l'Anglais; comme en allant au fond de ce débat nous rencontrerons infailliblement aussi le grand problème de la communication des deux mers, nous aurons lieu d'examiner comment et par quels moyens cette communication doit s'accomplir, la part que la France et les nations européennes doivent prendre à cette œuvre d'un intérêt universel.

III

Nous voulons être clair et nous nous sommes imposé l'obligation de dire la vérité sans détour, dût-elle être blessante. Nous n'avons ni le loisir ni l'espace nécessaires pour envelopper notre pensée de voiles et de réticences. Allons au but.

Dans le chapitre précédent, nous avons mis en relief l'intérêt national qui pousse le gouvernement de Constantinople à prendre au sérieux les traités de 1840-1841, et à faire pénétrer en Égypte une influence dont nous avons précisé le caractère civilisateur.

Abbas-Pacha résiste ; de là le différend qui s'élève entre le Caire et la métropole. Il y a plusieurs motifs à cette résistance du vice-roi ; les voici :

Abbas, petit-fils de Méhémet-Ali, est un homme faible de caractère, et cependant vindicatif et méchant ; son intelligence est bornée ; il est en outre apathique, égoïste et honteusement sensuel. Tel est, en deux mots, le portrait du vice-roi actuel ; ce n'est pas notre faute s'il n'est ni flatteur ni flatté : il est vrai avant tout.

Élevé dans l'isolement, il semblait devoir être pour toujours éloigné des affaires, et il n'a fallu rien moins que la mort imprévue d'Ibrahim-Pacha pour appeler soudainement au pouvoir, suivant la loi de l'hérédité musulmane, le membre le plus agé de la famille.

Fils d'un frère aîné d'Ibrahim, de Toussoun-Pacha, Abbas ne connait pas la France ; il est le seul des fils, petits-fils ou neveux de Méhémet dont l'éducation ait été négligée. Abbas est un vieux bourgeois musulman, fanatique, plein de préjugés, persuadé que son aïeul, de glorieuse mémoire, était un maniaque à qui les idées françaises avaient tourné la tête, et que ce maniaque, avec ses projets de réforme, compromettait sérieusement l'ordre, la famille, la propriété, la religion. Il désapprouvait tout haut la politique et l'esprit d'innovation de Méhémet et d'Ibrahim.

Lorsque la mort de ces deux hommes illustres appela Abbas-Pacha à la vice-royauté de l'Égypte, celui-ci se promit religieusement de défaire ce qu'avaient fait ses prédécesseurs, et comme le Sultan reprenait, par les traités, une influence directe sur les affaires de l'Égypte, Abbas, persuadé qu'à Constantinople on était aussi opposé qu'il l'était lui-même aux nouveautés européennes, Abbas se soumit à la direction du Sultan plus encore que ne l'exigeaient les traités.

Le gouvernement de Constantinople entrait alors dans la voie sage et féconde que nous avons indiquée ; il préparait l'unité administrative et l'application des lois énoncées par l'acte de Gul-Hané.

Tant que Méhémet-Ali vivait, le Sultan, par un sentiment louable, avait respecté jusqu'aux caprices du glorieux vieillard ; mais après sa mort, il résolut de poursuivre plus strictement l'exécution des traités en ce qui concernait les provinces égyptiennes.

Il fallait d'abord effacer les vestiges de la longue indépendance de ce pays et lui donner peu à peu le cachet de la nationalité turque. Dans ce but, le cabinet turc engagea le nouveau vice-roi à renouveler le personnel de l'administration, à modifier les institutions qui portaient l'empreinte du génie de Méhémet, c'est-à-dire l'empreinte de l'indépendance.

Abbas-Pacha, à qui son ignorance ne permettait pas d'apprécier le mouvement réformateur dont Constantinople est aujourd'hui le foyer, obéit à ces instructions avec d'autant plus d'empressement, qu'elles lui semblaient être en harmonie avec ses idées. Il ne vit là qu'une réaction, pareille à celle qu'il rêvait lui-même, contre la chimère du progrès et l'utopie de la réforme, chimère et utopie que son aïeul avait trop long-temps caressées.

Tout alla donc pour le mieux au début. Abbas tailla dans le vif et éloigna tous les serviteurs de sa famille ; il laissa tomber les établissements, les écoles, les services publics créés à grand'peine ; il congédia les fonctionnaires français dont il redoutait le contact avec les populations.

Mais quand le terrain fut ainsi préparé, la Porte voulut y édifier à son tour et y implanter ses réformes.

Ici commence la résistance d'Abbas-Pacha, résistance dans laquelle il est soutenu et encouragé par le consul d'Angleterre, qui a su captiver cet esprit étroit et paresseux, dans un but que nous indiquerons bientôt.

La Porte voulait établir des tribunaux de commerce, fonder des institutions protectrices de l'honneur, des biens et de la vie des citoyens, introduire l'ordre dans les finances, régler l'assiette de l'impôt, les contingens du service militaire. Abbas-Pacha cria à l'impiété et à l'irréligion. Les membres de sa famille, Saïd, Alim et Méhémet-Ali ses oncles, Achmet, Ismaïl et Mustapha ses cousins, approuvèrent les exigences légitimes du cabinet de Constantinople. Abbas, furieux de ces contradictions, imagina contre ses parents un système de persécutions, de tracasseries tel que, pour échapper à cette autorité arbitraire et tyrannique, autant que pour repousser toute solidarité compromettante, la plupart d'entr'eux se réfugièrent auprès du Sultan, qui leur fit un accueil bienveillant et hospitalier.

Un fait qui ne manque pas de gravité peut trouver place ici, car il donne une juste idée de l'esprit qui anime le vice-roi de l'Égypte.

Méhémet-Ali avait marié à un de ses plus fidèles serviteurs, Kiamil-Pacha, la cadette de ses filles connue sous le nom de *petite princesse*, par opposition à sa sœur Naslé-Anum que l'on désigne sous le nom de *grande princesse*. Un tel beau-frère n'était pas du goût d'Abbas. C'était déjà beaucoup, c'était trop pour lui que d'avoir des frères, des neveux, des sœurs en qui revivaient les idées avancées dont Méhémet et Ibrahim s'étaient faits les apôtres; le vice-roi voulut du moins se débarrasser de son beau-frère Kiamil.

Le divorce était un moyen tout trouvé; mais il est difficile, même en Orient, de faire prononcer un divorce quand les époux n'y prêtent pas leur consentement. La petite princesse fut circonvenue; elle résista énergiquement d'abord en protestant de son amour pour son mari. Mais le vice-roi ne se tint pas pour battu. Kiamil, obligé de prendre la fuite, avait laissé sa femme au Caire. Elle fut en proie à des obsessions et à des menaces telles qu'elle dut feindre de céder, et le divorce fut prononcé.

Mais, en dépit de la surveillance dont elle était l'objet, cette courageuse femme parvint, à force de hardiesse et de ruses, à quitter l'Égypte. Elle se rendit à Constantinople et porta ses plaintes aux pieds du Sultan. Celui-ci fit examiner la question par le Cheick-ul-Islam (chef de la religion), et, après une décision solennelle, les époux furent remariés en présence du chef de l'Empire, des ministres et de tous les hauts fonctionnaires.

Nous avons cité ce fait entre plusieurs autres parce qu'il met en évidence non-seulement le caractère et les faiblesses d'Abbas-Pacha, mais aussi les causes profondes du dissentiment qui le sépare de son souverain.

Aujourd'hui Abbas-Pacha est, pour ainsi dire, seul de sa famille au Caire : il résiste aux ordres de la Porte, mais un pareil esprit ne serait pas d'une trempe à soutenir long-temps une pareille lutte, à enfreindre ainsi les conditions des traités, s'il n'était poussé et soutenu dans sa résistance par les agents anglais que, suivant son habitude, le cabinet de Londres avoue ou désavoue ouvertement, lorsque les circonstances l'y forcent, et suivant l'intérêt du moment.

Quel est le but de cette obsession diplomatique qui enveloppe ainsi Abbas-Pacha dans les réseaux d'une trame qui devient de jour en jour plus compacte? Le Cabinet de Londres a une idée fixe qu'il n'avoue pas, mais qui, en toute occasion, se manifeste par les actes de ses agens : il veut se rendre maître de la route de l'Inde par Alexandrie et Suez. Pour atteindre ce résultat, tous les moyens lui sont et lui seront bons. On connaît l'infatigable persévérance de la diplomatie anglaise, chaque fois que les intérêts du commerce et de l'industrie britanniques sont en jeu. Ici, l'nitérêt est capital, l'Angleterre est sur le point d'atteindre le but de ses longs efforts; la division, dont nous venons d'indiquer le germe, entre le Caire et Constantinople, sert trop activement ses vues, pour que son agent au Caire ne souffle pas, officieusement du moins, sur cette division, comme on souffle sur la flamme pour l'entretenir et l'étendre.

Supposez Abbas-Pacha dans les conditions normales, dans les relations officielles du vassal au suzerain, supposez qu'il exécute loyalement les traités, et que, conformément à leur esprit et à leur lettre, il ouvre l'Égypte à toutes les améliorations demandées par le Sultan, qu'il lui soumette la solution de tous les grands problèmes d'administration intérieure et de politique internationale, l'Angleterre perd aussitôt la moitié de ses chances. Elle est contrainte de porter, un jour ou l'autre, à Constantinople, la question de l'isthme de Suez ; de la traiter, de la discuter à la face de l'Europe entière, et de la résoudre de concert avec toutes les parties intéressées. C'est ce que le cabinet anglais n'a pas voulu jusqu'ici.

Si, au contraire, Abbas-Pacha est en dissentiment avec son souverain, il peut surgir du trouble des relations une combinaison qui serve les intérêts anglais. On peut aigrir, irriter, pousser fort loin une situation pareille, avant qu'il en sorte une lutte à main armée ; on peut agiter le pays, peser sur l'esprit du pacha, et en faisant flotter dans le port d'Alexandrie le pavillon d'un commodore anglais, obtenir au détriment des nations rivales quelques concessions qui créeront plus tard des droits ou des apparences de droit dont on tirera parti. Le souvenir de ce qui s'est passé l'année dernière en Grèce, porte avec lui des enseignements qui ne doivent pas être perdus. Il a suffi d'une créance, même contestée, pour qu'une escadre anglaise ait menacé Athènes, et soumis le cabinet grec à l'influence du cabinet de Saint-James.

Ne laissons pas l'Angleterre prendre aussi des droits sur l'Égypte, et si, par impossible, le gouvernement de la Porte était assez oublieux de ses propres intérêts pour permettre à la nation la plus envahissante du globe de mettre le pied sur l'isthme

de Suez, n'oublions pas qu'il serait de notre honneur, de notre dignité de le rappeler au respect
des traités, au respect de lui-même. Mais dans la
voie où le Sultan s'est engagé, il n'est pas à crain-
dre qu'il néglige à ce point le soin des intérêts de
sa patrie. L'Angleterre ne peut être maîtresse,
même indirectement, de l'Égypte, sans qu'immédiatement le Czar fasse un pas de plus vers Constantinople. Cette éventualité suffirait, à elle
seule, pour mettre le Sultan en garde contre le
projet de création d'un chemin de fer en Égypte
par l'influence des agents et avec le concours des
capitaux anglais.

Ces considérations ne sauraient échapper à la
sagacité des hommes d'État de France, d'Allemagne et de Constantinople.

Nous nous bornons à indiquer ici cette situation ;
nous reviendrons tout-à-l'heure, avec plus de dé-
veloppemens, sur cette grande question de la communication des deux mers, question universelle,
qui se retrouve au fond de tous les débats diplomatiques dont l'Égypte est, depuis un quart de
siécle, le théâtre, et qui, pour notre part, nous
préoccupe depuis longues années.

Nous voulons établir, et nous croyons avoir établi jusqu'ici, que l'élément civilisateur et progressif
est aujourd'hui à Constantinople, que l'Égypte, au
contraire, sous le successeur de Méhémet-Ali, est

livrée non seulement aux influences rétrogrades du vieil islamisme, de l'islamisme fanatique et ignorant, mais aussi aux influences plus dangereuses encore d'un intérêt européen exclusif.

C'est par des faits incontestés que nous avons établi cette double situation qui nous impose évidemment de très grands devoirs, car nous avons aussi notre commerce extérieur à protéger, notre influence nationale à conserver, notre marine à développer.

Ces devoirs, notre gouvernement les néglige trop, et, nous le répétons, nos soucis intérieurs ne sont pas une suffisante excuse.

Et maintenant, que peut-il sortir de ce conflit? quelle est la meilleure issue? Examinons!

IV

COMMENT PEUT CESSER LE CONFLIT?

La situation que nous venons de retracer ne peut se prolonger longtemps sans craquer. Or, tout craquement dans les affaires d'Orient retentit en Europe, et y acquiert des proportions gigantesques. N'oublions pas 1840! Si nos finances sont si ruineusement obérées, si la France, au lieu de terminer ses lignes de chemins de fer qui auraient centuplé sa puissance, a entouré Paris de fortifications et de remparts inutiles, si cette folie a pu être faite, si cet anachronisme a pu être écrit sur notre sol, c'est à un craquement dans les affaires d'Orient que nous le devons.

En 1840, il s'agissait, ni plus ni moins qu'aujourd'hui, d'une lutte entre le Caire et Constantinople.

Prenons garde, et sachons prévenir cette fois les événements au lieu de nous laisser surprendre par eux, si nous voulons éviter des perturbations profondes. Défions-nous de ces *jeux de la guerre et du hasard* dont parlait M. Guizot; jeux terribles qui peuvent servir des ambitions personnelles, mais où les peuples perdent toujours leur sang le plus précieux et leurs trésors.

Déjà, si nous devons en croire de récentes correspondances, le Sultan a envoyé au pacha d'Égypte un ultimatum, et assigné un délai après lequel la Porte emploierait des moyens coërcitifs.

N'est-il pas possible de prévoir cette terrible éventualité de laquelle peuvent sortir des complications funestes ?

Les conventions de 1840-41 rangent l'Égypte sous la domination absolue de la Porte qui, de son côté, et en échange d'une obéissance régulière et d'un tribut déterminé, concède le principe d'hérédité dans la famille de Méhémet-Ali. Mais, cette concession elle-même n'est faite qu'à de certaines conditions, et, entre autres, à celle-ci : c'est que le vice-roi sera tenu d'introduire dans le système administratif, judiciaire et militaire de l'Égypte, toutes les améliorations et toutes les réformes dont le Sultan aura déjà pris l'initiative pour les provinces de l'empire turc.

Or, en refusant aujourd'hui d'appliquer à l'Égypte des mesures administratives qui, depuis longtemps, sont appliquées à Constantinople et dans la presque totalité des provinces, Abbas-Pacha viole les conventions que les puissances européennes ont sanctionnées ; il compromet le principe d'hérédité qui l'a élevé à la dignité de vice-roi.

Le devoir des puissances européennes, gardiennes de l'intégrité des conventions, est donc d'épuiser toutes les voies de persuasion, de conseil, d'influence, de menace même, pour engager le pacha à observer fidèlement et religieusement les clauses du traité qui le lie.

Est-ce le rôle que remplit l'agent anglais au Caire? Qu'il agisse ou non en dehors des instructions de son gouvernement, nous n'avons pas à l'examiner; mais le fait est, qu'au vu et au su de tout le monde, il pousse le pacha à la révolte, il l'encourage dans sa résistance. Il est vrai que l'ambassadeur anglais à Constantinople agit et parle dans un sens opposé, à ce point que l'ultimatum dont nous parlons plus haut, aurait été apporté au Caire par un drogman de l'ambassade anglaise. Nous voulons croire que M. Canning, à Constantinople, obéit à des instructions précises de son gouvernement, mais alors il est bien évident que M. Murray, au Caire, enfreint ces instructions, car l'Angleterre ne peut ainsi souffler le froid et le chaud; et si le gouvernement français faisait son devoir, il aurait déjà insisté fortement auprès du cabinet anglais pour l'engager à prendre un parti et à désavouer l'un ou l'autre de ses agents, puisque l'un et l'autre agissent en sens inverse.

Il suffirait d'une simple démonstration de cette

nature, pour faire rentrer Abbas-Pacha dans le devoir. Mais ce ne serait tenir aucun compte des lenteurs et des mystérieux détours de la diplomatie, que de faire appel aux principes de justice et d'attendre que les intérêts nationaux s'y subordonnent avec empressement. L'Angleterre désavouerait peut-être, sous la pression d'une loyauté à laquelle cette grande nation ne voudrait jamais rester sourde, l'Angleterre désavouerait peut-être son consul en Égypte ; mais si celui-ci — et ce ne serait pas chose nouvelle—persistait officieusement dans la même voie, si, pour un motif ou pour un autre, le vice-roi croyait à tort, mais enfin s'il croyait pouvoir compter, en cas de lutte, sur le concours des forces anglaises, la diplomatie n'aurait fait qu'aggraver et envenimer la situation au lieu de l'améliorer.

C'est donc à la sagesse du Sultan et des hommes d'état qui dirigent les destinées de l'empire, qu'il appartient de prévenir une explosion qui livrerait les destinées de la Turquie elle-même aux chances les plus incertaines et les plus redoutables.

La Porte a le plus grand intérêt sans doute à s'assimiler le gouvernement de l'Égypte, mais elle a un intérêt plus grand encore peut-être à ce que le principe d'hérédité sur lequel repose la transmission de la vice-royauté dans la famille de Mehémet-Ali ne reçoive aucune atteinte. En effet, que cette clause capitale soit méconnue, et l'Égypte devient aussitôt un foyer d'anarchie, qui de proche en proche gagnera tous les points du territoire, et compromettra non-seulement le succès de la réforme, mais l'existence même de l'empire. C'est là une éventualité trop favorable à la Russie pour que le Sultan et les grandes nations occidentales de l'Europe ne la redoutent pas également. L'intérêt de Constantinople à l'intégrité des conventions s'est accru en quelque sorte depuis que l'autorité arbitraire du pacha actuel a forcé les principaux membres de sa famille à se réfugier auprès du Sultan, et que ce dernier a pu se convaincre de la parfaite conformité d'idées et de convictions qui règne entre ces jeunes hommes et le chef de l'empire.

Toutes les résolutions qui pourront être délibérées, examinées, discutées par le gouvernement turc devront donc avoir pour objet l'exécution des traités, mais rien au-delà. Ainsi il a déjà été question d'une mesure qui tendrait à faire déclarer Abbas-Pacha incapable, à le traiter en mineur; un conseil de tutelle serait créé et on préposerait au gouvernement de l'Égypte celui des fils de Mehémet-Ali qui devrait succéder, dans l'ordre héréditaire musulman, au vice-roi actuel, après sa mort.

Nous n'avons à examiner ni cette hypothèse, ni

aucune de celles qui peuvent être mises en avant ; mais quel que soit le parti auquel le cabinet turc s'arrête pour mettre un terme à l'état de choses que nous avons décrit, ce parti devra nécessairement , pour être efficace, respecter la clause relative au principe de l'hérédité. puisque ce principe est consacré par les conventions mêmes dont le Sultan réclame et poursuit à juste titre l'exécution.

S'il en était autrement, s'il était possible que le gouvernement turc portât lui-même atteinte aux traités, lui qui est le premier intéressé à leur maintien, il se mettrait lui-même en question, et ouvrirait le champ à des compétitions dont il est impossible de prévoir la portée, mais qui seraient funestes à l'existence même de l'empire.

C'est là une matière si délicate et si enveloppée encore de mystère que nous ne saurions y insister plus longtemps. Nous avons voulu préciser le caractère de la solution, bien plus que la solution elle-même. Ce que nous redoutons et ce que le cabinet turc doit redouter par-dessus tout, c'est l'emploi des armes avant que tous les moyens de conciliation et d'apaisement aient été épuisés.

Mais, objectera-t-on , la résistance d'Abbas-Pacha, quelle que soit la solution adoptée par le Sultan, rendra inévitable le recours à la force. Nous ne le pensons pas. La Turquie n'est plus ici en présence d'une individualité puissante et redoutée.

Abbas cédera, qu'on en soit bien convaincu, lorsqu'aucune puissance européenne ne l'encouragera occultement dans sa résistance. Il suffirait donc que la mesure prise par le Divan fut officiellement appuyée par les cabinets européens, pour qu'elle fut immédiatement obéie. Or, quelle est la puissance européenne, quelles que soient d'ailleurs ses vues d'ambition ou les exigences de ses intérêts particuliers, qui oserait ouvertement refuser son concours à un acte ayant pour but la loyale exécution de traités consentis à la face du monde?

La seule nation qui ait intérêt à exercer une influence exclusive, nous l'avons démontré déjà, c'est l'Angleterre, à cause du passage de l'Inde par Suez. Ce grand problème, avons-nous dit, se retrouve toujours au fond de tous les débats que soulève la question d'orient.

Il importe donc de savoir au juste, où en est ce problème, à quels efforts il a donné lieu; c'est ce que nous allons examiner.

V

Deux systèmes se présentent pour mettre l'Europe en contact avec l'Inde par l'isthme de Suez : un canal, un chemin de fer. Nous allons examiner la valeur de ces combinaisons, leur importance et leurs résultats politiques et sociaux. Mais avant tout, il est utile de poser en principe que la question doit être portée, non pas au Caire, non pas à Londres, mais à Constantinople ; que le souverain de l'Égypte, le chef de l'empire turc, principale partie intéressée, doit la résoudre avec l'assentiment et pour ainsi dire sous les yeux des nations européennes.

L'union de la Méditerranée et de la Mer-Rouge par le percement de l'isthme, est sans contredit l'œuvre la plus vaste et la plus féconde que la civilisation moderne doive et puisse accomplir. Cette entreprise gigantesque devant laquelle le génie de l'ancien monde n'avait point reculé, notre siècle, qui sera un grand siècle entre tous, doit la mener à bonne fin. Telle est notre conviction, et il est peu d'esprits qui ne la partagent aujourd'hui.

Cependant, les difficultés dont une pareille entreprise semble entourée, les rivalités nationales qu'elle met en présence, les intérêts divergents qu'elle favorise ou met en péril et surtout l'influence de la diplomatie anglaise ont, dans ces derniers temps, fait naître la pensée qu'il serait plus facile, plus prompt de relier Alexandrie à Suez par un chemin de fer.

C'est la valeur de ces deux idées, ce sont les divers aspects de ces deux hypothèses, leurs caractères et leurs inconvénients réciproques qu'il faut mettre en lumière ; c'est leur côté pratique, ce sont leurs chances de succès que nous voulons envisager en nous plaçant au point de vue du possible, et en faisant taire même nos préférences. s'il le faut.

Commençons par celui des deux projets qui a pour lui une priorité séculaire par le projet du canal.

Les limites et le but même de ce travail nous interdisent d'entrer dans les développements historiques et dans les détails techniques qui se rattachent soit aux tentatives de l'antiquité, soit aux études entreprises dans ces derniers temps pour opérer le percement de l'isthme. Ces tentatives. ces études ont-elles démontré le possibilité de l'œuvre? c'est tout ce que nous avons besoin de savoir.

Bonaparte, dans la phase la plus aventureuse et la plus héroïque de son héroïque existence, celle qui a le plus contribué à environner son nom d'un prestige mystérieux, Bonaparte, quand il était en Égypte, rêva la conquête de l'Inde, et le percement de l'isthme comme un moyen de réaliser ce rêve audacieux. Un pareil moyen pour un pareil but, c'était déjà, même à la fin du XVIIIᵉ siècle, un anachronisme. Ce n'est que pour de pacifiques conquêtes, c'est pour unir les peuples, pour faciliter leur contact et leurs échanges, que l'humanité doit désormais graver sur le globe ces grandes pages de son histoire.

Aussi le rêve de Bonaparte est resté à l'état de rêve, mais nous en possédons du moins une trace sérieuse et positive ; ce sont les travaux de la commission d'Égypte sur la canalisation de l'isthme, travaux qui ont eu l'incontestable avantage d'attirer l'attention du monde savant et du monde politique sur une solution qui est devenue urgente aujourd'hui.

Cette commission, qui rappelle tant de noms illustres et tant de glorieux souvenirs, recueillit des documents qu'un ingénieur en chef des ponts-et-chaussées, M. Lepère, coordonna avec soin, et qui donnèrent naissance à un projet de communication dont les nivellements ultérieurs ont démontré l'impraticabilité. Ce projet, d'ailleurs, ne pouvait donner satisfaction aux nombreuses nécessités commerciales qui sollicitent le percement de l'isthme. Des barques pontées auraient pu seules traverser le canal, et les navires de la Méditerranée aussi bien que ceux de la Mer-Rouge, obligés de rompre charge, se seraient trouvés, à peu de chose près, dans la situation où ils se trouvent aujourd'hui.

Ces utiles travaux furent néanmoins le point de départ d'études et de conceptions nouvelles. En 1833, un homme d'un rare mérite, dont le nom venait d'avoir en France un grand retentissement, M. Prosper Enfantin, se rendit au Caire avec la pensée publiquement avouée de travailler à la jonction des deux mers. Il était accompagné d'hommes spéciaux, la plupart élèves comme lui de l'École Polytechnique, et le vieux Méhémet-Ali accueillit avec une bienveillante hospitalité ces pacifiques messagers de la civilisation occidentale.

A cette époque le pacha d'Égypte venait de concevoir le grand projet du barrage du Nil, dont il avait confié les travaux à un officier de la marine française, M. Linant de Bellefonds. Plusieurs des nouveaux venus s'offrirent comme travailleurs volontaires, et seize d'entre eux, parmi lesquels nous citerons M. Hoart, élève de l'École Polytechnique et capitaine d'artillerie, trouvèrent la mort sur ce nouveau champ d'honneur.

Meis les travaux du barrage ne purent être poursuivis ; les soucis de la guerre empêchèrent Mehémet-Ali d'y donner suite, et sa pensée fut absorbé par les soins de l'organisation intérieure de l'Égypte. Il fonda une école polytechnique, une école d'artillerie, une école de médecine. M. Linant de Bellefonds organisait en même temps une école des ponts-et-chaussées.

Cet élan intellectuel donné par le pacha porta ses fruits. M. Linant poursuivit les recherches, les études auxquelles il s'était déjà livré sur le percement de l'isthme, et il produisit un vaste projet qui différait essentiellement de celui de M. Lepère, mais qui était basé cependant sur les côtes du nivellement de 1799.

Le pacha laissait son savant ingénieur poursuivre ces importants travaux, mais il était trop préoccupé des difficultés de sa position, il avait trop de luttes à soutenir, trop de ménagements à garder vis-à-vis des puissances étrangères pour donner son assentiment à un projet qui devait fatalement éveiller des rivalités dont le choc lui eût été funeste. Déjà l'Angleterre avait présenté cette œuvre comme impraticable ; et l'idée d'un chemin de fer qui aurait relié Alexandrie à Suez était, dès cette époque, mise en avant comme la seule qui méritât quelque attention.

Mehémet-Ali s'empara de cette idée comme

d'un moyen de défense, et ce fut en inclinant tantôt pour le chemin de fer, tantôt du côté du canal, qu'il tint en échec, jusqu'à la fin de sa carrière, des prétentions contraires, qui, tour à tour admises ou repoussées, purent toujours se croire maîtresses du succès. Ce fut là un des plus beaux triomphes de cette diplomatie orientale qui a tant de fois joué la diplomatie des plus habiles nations de l'occident.

Mais l'idée d'un canal de navigation entre les deux mers était vivante. Partie de France à l'état d'aspiration, elle y revenait quelques années plus tard, rapportée par les mêmes hommes qui s'en étaient faits les dépositaires. La presse française, et ce sera là un éternel honneur pour cette presse si calomniée ! la presse française s'en empara et traita avec talent cette haute question de politique inter-nationale.

L'infatigable activité de quelques hommes suffit à produire dans l'Europe tout entière une agitation que secondaient merveilleusement d'ailleurs les événements dont l'Algérie était le théâtre, et les efforts tentés par le gouvernement français pour résoudre, sous une autre forme, le problème de l'union des deux mondes, du monde chrétien et du monde islamique.

M. Prosper Enfantin, dont nous avons déjà parlé, était en France le centre de ce mouvement pacificateur. Parmi ses collaborateurs, les uns dressaient, en Angleterre et dans notre pays, une minutieuse enquête sur la partie de la statistique commerciale qui se rattache à la communication des deux mers; d'autres préparaient en Allemagne les moyens d'aborder, quand le temps serait venu, les principales puissances financières de ce pays. Un journal spécial (1) était fondé et propageait avec une infatigable ardeur les idées qui se rattachaient à ce vaste projet; M. Emile Barrault, dans le *Courrier Français* dont il était le rédacteur en chef, M. Colin, dans la *Démocratie Pacifique*, initiaient le public à la fécondité de cette grande œuvre.

Enfin, le moment était venu. La création des chemins de fer venait d'imprimer au crédit public et privé un élan désordonné qui devait plus tard enfanter des crises déplorables, mais qui, à son origine, ouvrait le champ aux plus hardies conceptions. M. Enfantin venait de prendre dans le monde financier, par le succès de son projet de fusion des compagnies, une position honorable qu'il songea bientôt à utiliser au profit du grand projet dont il avait fait le but de sa vie et de son ambition.

En 1845, une société fut formée par ses soins (2). Elle se composait de divers groupes, représentant

(1) L'ALGÉRIE.

(2) Lors de la fondation de cette société, M. Enfantin fit distribuer aux associés une note à laquelle nous empruntons le

les intérêts des nations les plus directement enga-
gées dans une telle entreprise. Ces groupes étaient
représentés eux-mêmes par des ingénieurs célé-
bres : M. Stephenson. pour l'Angleterre ; M. Ne-
grelli, pour l'Allemagne ; M. Paulin Talabot, pour
la France. Cette société prit le nom de *Société
d'études pour l'union des deux mers;* elle avait
pour but de vérifier et de compléter les travaux
antérieurs, de préparer la formation d'une société
définitive d'exécution.

On se mit à l'œuvre immédiatement. M. Paulin
Talabot, chargé des travaux de nivellement et de
triangulation de l'isthme, dirigea sur l'Égypte une
brigade française. Une brigade allemande étudia
avec soin les difficultés de l'entrée du canal par
la Méditerranée, et M. Stephenson se chargea de

passage suivant où se trouve nettement défini le caractère de
l'œuvre que cette société allait entreprendre.

»... Nous avons la conscience d'avoir *préparé* cette grande
œuvre industrielle, comme jamais œuvre industrielle n'a
été *préparée :* il nous reste à *l'accomplir* avec vous, comme
jamais grande entreprise industrielle n'a été faite, c'est-à-
dire sans rivalités nationales, avec le concours cordial des
trois grands peuples que la politique a souvent divisés et
que l'industrie doit unir. Il nous reste à faire, nous société
industrielle, ce que la diplomatie tenterait en vain sans nous;
il nous reste à tracer sur le globe même le *signe* de la paix,
et à vrai dire le *trait d'union* entre les deux parties du
vieux monde, entre l'Orient et l'Occident. »

toute la partie des travaux d'étude relative à l'issue du canal dans la Mer-Rouge et à la création d'un port à Suez.

Nous avons eu sous les yeux les comptes-rendus, les cartes, les devis, les plans de ce vaste travail, dont l'exécution est rendue si facile désormais, et nous n'éprouvons qu'un regret, celui de ne pouvoir analyser longuement les principaux résultats de ces savantes et laborieuses démonstrations.

Après être entré dans tous les détails spéciaux, après avoir présenté des calculs qui reposent, non plus sur le nivellement incomplet de 1799, mais sur les côtes de nivellement fait par ses soins, M. Paulin Talabot arriva à cette conclusion que la dépense d'un canal établi sur de larges bases et de nature à satisfaire tous les besoins de la grande navigation, s'élèverait au minimum de 150 millions de francs (1).

(1) Dans un remarquable exposé des travaux de nivellement accomplis en Égypte sous sa direction, M. Paulin Talabot s'exprime ainsi :

« Je crois avoir démontré, dit-il, qu'il est possible d'assurer au canal, à l'aide des barrages du Nil, un tirant d'eau suffisant pour les besoins de la grande navigation; que l'embouchure dans le port de Suez peut être maintenue sans trop de difficulté ; celle d'Alexandrie est sûre, elle communique avec un port excellent : ainsi donc le succès de

Voilà où en est la question, voilà à quel point de précision elle est arrivée.

Voyons maintenant, avant d'apprécier la portée politique et les chances de succès des deux entreprises, voyons où en est la question du chemin de fer.

La révolution française de 1848 et le changement survenu en Egypte par la mort de Méhémet et d'Ibrahim, n'ont pas permis, on le comprend, de donner suite aux travaux dont nous venons de parler.

Les agents anglais ont mis à profit ce temps d'arrêt. Exploitant les évènements et les hommes avec leur habileté ordinaire, ils ont repris l'idée

ce grand ouvrage est assuré s'il est entrepris sur des bases convenables. J'ai cherché à en évaluer la dépense sans illusions, comme sans exagérations, et si je suis arrivé à un chiffre beaucoup plus élevé que nos devanciers, c'est que j'ai supposé le canal établi sur des bases beaucoup plus larges, de manière à satisfaire tous les besoins de la grande navigation. Je regarde même le chiffre de 150 millions comme un minimum de la dépense que coûterait cette grande entreprise; mais il s'agit d'un si grand intérêt pour l'humanité tout entière, que même en mettant de côté les produits directs qu'on peut tirer d'un tarif de navigation, on ne saurait douter que les nations commerçantes du globe ne trouvassent de très grands avantages à faire les fonds nécessaires pour son exécution, la dépense dût-elle s'élever à 200 millions et au-delà. »

déjà tant de fois avortée du chemin de fer, et comme ils n'ont plus en face d'eux le pacha illustre qui sut si habilement louvoyer entre les prétentions rivales et les tenir en échec les unes par les autres, ils tirent un merveilleux parti de la faiblesse et des préjugés d'Abbas.

M. Stephenson, que nous avons vu attaché à l'œuvre collective et européenne du percement de l'isthme, s'est laissé, en quelque sorte, détourner de sa pensée première, et c'est en Égypte même, où l'appelaient d'autres travaux, qu'il a été enveloppé par la diplomatie souterraine et officieuse de sa nation. Des études spéciales, des devis pour la création d'un chemin de fer entre Alexandrie et Suez lui ont été demandés, et ils les a donnés. C'est sur cette base, à laquelle le nom de M. Stepheson donne une autorité incontestable, que se poursuivent aujourd'hui à Londres, par l'intermédiaire de l'envoyé égyptien, Nubar-Bey, et par l'influence du consul anglais au Caire, M. Murray, les négociations dont le monde politique commence à s'inquiéter.

D'après les calculs de M. Stephenson, le chemin de fer aurait 300 à 310 kilomètres de parcours environ et coûterait, en y comprenant le nouveau port de Suez, les quais, bassins à flot, môles d'abri à construire à Suez et à Alexandrie, une somme à peu de chose près égale à celle que M. Paulin

Talabot juge nécessaire pour la construction du canal.

Il est presque inutile d'insister pour faire comprendre, au point de vue purement matériel, la supériorité du canal sur le chemin de fer. Ce dernier n'est qu'un trait d'union entre les deux mers, mais il les laisse distinctes ; l'obstacle n'est pas rompu. Les navires rompent charge à Suez, comme ils rompent charge à Alexandrie ; les opérations de déchargement, de mise en wagon, de mise à quai, de rechargement grèvent le commerce d'opérations longues et ruineuses. Le monde ne gagne rien à la création de ce chemin de fer, l'Angleterre seule y acquiert, à l'exclusion de toutes les nations européennes, un nouveau développement de sa puissance maritime et de sa prépondérance extérieure, puisque seule elle a dans l'Inde des relations étendues, un empire vers lequel le chemin de fer lui fraye une voie plus rapide.

Sous ce rapport donc, la question est jugée. Mais dans l'état actuel de la Turquie et de l'Égypte, dans l'état actuel de l'Europe, la construction du canal est-elle possible ? C'est à ce point de vue qu'il faut se placer, car il serait trop commode d'énoncer en principe que le canal est la meilleure des combinaisons et de se croiser les bras en attendant que le canal se fît pour ainsi dire tout seul.

La Turquie ne se sent pas assez maîtresse de l'Égypte; cette riche et vaste province est trop importante, trop éloignée de la métropole pour que le Sultan consente facilement à y laisser s'implanter des influences extérieures sous quelque forme que ce soit. Cependant, si des obsessions persévérantes pouvaient venir à bout des résistances du cabinet de Constantinople, ce serait plutôt en faveur d'un chemin de fer qu'en faveur d'un canal, et cela se comprend : le canal, dans l'opinion du Divan, séparerait bien plus profondément l'Égypte de Constantinople que ne saurait le faire un *rail-way;* un canal change la topographie de l'isthme; c'est un bras de mer, une frontière nouvelle en quelque sorte; c'est une ligne de démarcation ineffaçable; c'est une propriété que traverse une grande route, on n'y est plus chez soi. Il est donc tout naturel que ce projet éveille les susceptibilités nationales de la Turquie, susceptibilités respectables tant que les traités existants lieront les nations entre elles.

Un des plus sûrs moyens de décider le Sultan à ouvrir sur son territoire un passage vers l'Inde, aux marines européennes, serait donc de lui assurer de plus en plus la domination de l'Égypte. Encourager le pacha dans une résistance déloyale, inspirer à la Turquie des inquiétudes sur la possession de cette province, c'est donc battre en brèche le projet de canal, et les agents anglais le savent bien.

Les puissances continentales ont intérêt à suivre en Égypte une politique diamétralement opposée à celle des agents anglais, c'est incontestable, et cependant la France et l'Allemagne ne semblent pas s'en douter. Nous voudrions appeler sur ce point, que nous nous bornons à indiquer, toute l'attention des hommes qui peuvent exercer quelque influence sur les déterminations du gouvernement français et sur la direction de sa politique.

Si le cabinet de Constantinople, cédant aux susceptibilités que nous venons d'exprimer, susceptibilités que la soumission complète du pacha dissiperait bientôt, repoussait tout projet de navigation artificielle, et si le projet de communication entre Alexandrie et Suez, par une ligne de fer, venait à être sérieusement discuté en présence de toutes les parties intéressées, la France ne pourrait certainement s'y opposer. Mais à quelles conditions devrait-elle donner son acquiescement à une pareille œuvre? C'est que le chemin serait turc, et non pas égyptien ou anglais ; c'est que le capital nécessaire serait turc aussi, non en ce sens que la Turquie devrait trouver en elle-même ces ressources considérables, mais en ce sens que nulle puissance européenne, quelque fût le concours qu'elle prêterait à la construction de la ligne, n'aurait hypothèque sur le sol de l'Égypte.

Nous savons bien que le chemin de fer ne serait qu'un moyen transitoire ; nous savons bien que le jour viendra, et il est prochain ! où les nations de l'Europe sentiront le besoin religieux de donner à leur activité une large expansion, où le percement de l'isthme de Suez, comme tous les grands travaux qui doivent changer la face du globe et rapprocher les peuples entre eux, sera une conquête, nous allions presque dire une fête universelle. La véritable solution de la question d'Orient est là, et non ailleurs (1). Le chemin de fer ne serait donc, à nos yeux, qu'une œuvre provisoire ; mais encore serait-il indispensable que l'accomplissement de cette œuvre ne devînt pas le signal de conflits sanglants, de luttes nouvelles !

(1) Toutes les opinions en France sont d'accord sur ce point. Nous avons sous les yeux une brochure de M. V. de Puységur, ancien membre de l'Assemblée constituante, et bien que l'honorable écrivain obéisse, en politique, à des convictions qui ne sont pas les nôtres, il arrive à ces conclusions que nous nous faisons un plaisir de reproduire :

« La création d'un chemin de fer à travers l'isthme de Suez ajourne pour un demi-siècle la *véritable solution* de la question d'Orient. Profitable, quelles qu'en puissent être les conditions, à l'Angleterre seule, une voie de cette nature ne peut que modifier D'UNE MANIÈRE INSENSIBLE *le mouvement du monde commercial.*

» Dans le cas contraire, si tous les gouvernements de l'Europe, et particulièrement ceux de France et d'Autriche *ne trahissent pas* les intérêts des peuples qu'ils représentent, s'ils amènent le pacha d'Égypte à autoriser l'ouverture d'un canal, l'empire des mers n'appartiendra plus à une seule nation; une immense révolution qui est à peine commencée s'accomplira, ce sera la complète substitution de la vapeur à la voile, ou du moins l'emploi simultané de ces deux puissances. »

Ce n'est pas du vice-roi, comme semble le croire l'auteur que nous citons, c'est du Sultan seulement, c'est du souverain que dépend une semblable résolution.

C'est pourquoi nous attaquons si énergiquement la combinaison projetée qui consisterait à faire du pacha d'Égypte un vassal révolté, — il n'est pas de taille à cela ! — et de l'Angleterre la suzeraine réelle, effective de l'Égypte, au détriment de la Turquie, au détriment de toute l'Europe; c'est parce qu'il y a là le germe d'un embrasement général, que nous nous efforçons, dans la limite de nos forces, de conjurer le péril que l'on nous prépare.

L'envoyé égyptien, le consul anglais s'agitent auprès du cabinet de Londres qui, au fond, serait enchanté de pouvoir se rendre ainsi le maître de l'Égypte; mais les choses, malgré les articles du *Times* et des autres journaux anglais, ne sont pas aussi avancées qu'on le croit; à l'heure où nous écrivons ces lignes, des renseignements précis nous permettent d'affirmer que rien n'est terminé encore. Lord Palmerston, malgré la légèreté apparente de son caractère, n'est plus homme à s'engager étourdiment, envers et contre tous, dans une affaire aussi considérable et d'un intérêt aussi universel. Il est facile à un agent subalterne et à un homme aussi ignorant que l'est Abbas-Pacha, de poser des conventions, de dire : « Nous vous protégerons contre les exigences du Sultan, » et de répondre : « En échange de votre protection, je vous laisserai faire, ou je ferai avec votre argent, ce chemin de fer que vous paraissez si vivement désirer. » Mais lorsqu'un ministre, un homme d'Etat, se trouve en présence de ces prétentions, lorsqu'il s'agit, sérieusement pour lui, de dire tout haut ce qu'il pense peut-être tout bas, de sanctionner, à la face de l'Europe, ces fanfaronnades de chancellerie, il hésite, car il sait bien qu'une décision hâtée, une parole imprudente, peuvent troubler la paix du monde.

Non! la question n'est pas résolue; elle ne peut l'être sans le concours des grandes puissances continentales, sans le concours de la Turquie; et le cabinet anglais le sait bien. Lord Palmerston fait sonder par les journaux l'opinion publique, il interroge l'état des esprits; et c'est pourquoi nous lui répondons, si humble et si obscur que nous soyons. Mais c'est à la France, c'est à son gouvernement qu'il appartient de dire un mot, un seul qui arrête ces projets, sans cela les choses arriveront à ce point que le mal sera presque irréparable, en ce sens qu'après avoir empêché, sans doute, l'Angleterre de se créer à travers l'Égypte un passage à elle, un passage exclusif vers l'Inde, nous aurons laissé surgir et se compliquer des événements qui rendront pour longtemps impossible la construction d'une voie européenne, la réalisation d'un progrès gigantesque.

Or, c'est ce qu'il faut éviter.

La France a d'ailleurs un intérêt nouveau, identique à celui de l'Allemagne, et qu'il ne lui est plus permis de négliger. Par une récente mesure législative, que nous avons loyalement combattue dans l'un des principaux organes de l'opinion publique (1), une compagnie industrielle est chargée du service de nos paquebots de la Méditerranée. Cette compagnie, à laquelle nous souhaitons l'intelligente activité qui, en peu d'années, a fait du Lloyd autrichien une puissance considérable, cette compagnie a droit aujourd'hui à la protection efficace et constante de notre diplomatie. Si le gouvernement français, par une complète incurie, laissait s'aggraver la situation des choses entre le Caire et Constantinople, s'il ne coupait court aux négociations officieuses, aux arrangements indignes que le pacha d'Égypte et le consul anglais en ce pays poursuivent obscuré-

____
(1) Le Siècle.

ment, ce ne serait pas seulement un acte de félonie nationale, un abandon honteux des grands intérêts de notre pays, ce serait aussi un oubli des engagements nouveaux que le gouvernement et l'Assemblée législative ont contracté le jour où ils ont concédé à une compagnie industrielle le service de nos paquebots du Levant.

Résumons-nous :

Un différend est survenu entre la Porte et le vice-roi de l'Égypte, son vassal.

Ce différend a pour cause le refus fait par ce dernier d'appliquer dans les provinces soumises à sa domination les réformes dont le Sultan veut généraliser l'application dans son empire.

Le Sultan a pour lui l'autorité des conventions, la sainteté de sa cause, parce que cette cause est celle de la civilisation et du progrès. L'intérêt de notre politique est d'être partout où est l'élément civilisateur et progressif. Le même motif qui nous plaçait en 1840 auprès de Méhémet-Ali, nous commande aujourd'hui d'appuyer la politique intérieure d'Abd-ul-Medjid.

Les agents anglais, — nous ne voulons pas dire encore l'Angleterre, — les agents anglais soutiennent Abbas-Pacha dans sa résistance dont nous avons dit les motifs; ils promettent à ce malheureux prince la protection de leur gouvernement; en échange. Ils demandent la concession de l'isthme de Suez et l'autorisation d'y construire un chemin de fer.

Il est, au contraire, de l'intérêt de tous et de l'intérêt bien entendu de l'Angleterre, que l'isthme de Suez soit percé par un canal et devienne un passage neutre ouvert à toutes les marines du globe. Les études de ce canal sont terminées, les devis sont connus, ils sont l'œuvre collective d'ingénieurs appartenant aux trois grandes nations européennes.

A défaut d'un canal, si cette voie de communication porte ombrage aux susceptibilités de la Turquie, et si cette puissance consent cependant à ce qu'un grand progrès s'accomplisse, un chemin de fer peut être construit par elle, mais à la condition que ce chemin sera à elle, entièrement à elle, qu'il ne la dépossédera d'aucune position de sa souveraineté, qu'il ne la mettra à la merci d'aucune puissance européenne en particulier.

Quant à un chemin de fer construit en dehors de l'influence de la Porte ottomane, en vertu de nous ne savons quels arrangements qui interviendraient entre les agents diplomatiques de l'Angleterre et le pacha, c'est une folie, c'est plus qu'une folie, c'est un crime.

Et cette folie, ce crime, ne sont pas impossibles !

Au moment de mettre sous presse cette brochure, dont la publication a été retardée, à notre grand regret, par des accidents typographiques, nous recevons de Londres et du Caire des correspondances qui confirment malheureusement toutes nos prévisions.

L'incurie du gouvernement français porte ses fruits. L'intrigue égyptienne se croit si près du succès, que déjà des commandes spéciales de traverses, de rails, de machines, etc., ont été faites aux usines d'Angleterre, et M. Stephenson se dispose, dit-on, à partir pour Alexandrie, afin de diriger les premiers travaux. Les journaux anglais annoncent avec pompe que l'affaire du chemin de fer est conclue entre le pacha d'Égypte et le gouvernement de la Grande-Bretagne.

Quel que soit le ton affirmatif avec lequel ces nouvelles sont données, nous ne pouvons croire à leur réalité. Pour les admettre, en effet, il faudrait supposer que le Sultan a consenti à aliéner la portion la plus essentielle de sa souveraineté, quand au contraire c'est pour la maintenir intacte qu'il lutte depuis si longtemps, avec toute l'autorité du droit et de la justice, contre les prétentions d'Abbas-Pachas et contre l'influence officieuse qui entretient le vice-roi dans sa coupable résistance.

Ce n'est rien encore; si ces nouvelles se con-

firmaient, elles fourniraient contre le gouvernement français des armes redoutables, puisque le
ministère ne pourrait avoir consenti à cette viola-
tion de tous les principes, de tous les droits qu'en
abandonnant les intérêts les plus chers de notre
pays, ceux de notre influence dans la Méditerranée et dans le Levant.

Il est regrettable que l'approche des vacances
parlementaires ne permette plus à l'Assemblée de
porter sa sollicitude sur ce point capital de notre
politique extérieure.

Ce qui donne plus de gravité encore aux nouvelles données par les correspondances et les journaux anglais, c'est l'état intérieur de l'Égypte. Ce
que nous avons dit, dans le cours de ce travail, au
sujet des irritations et des faiblesses d'Abbas-Pacha
n'est rien auprès des faits nouveaux qui nous sont
révélés par de récentes lettres d'Alexandrie et du
Caire.

Mustapha-Pacha, frère du vice-roi, qui jusqu'ici était resté en Égypte pour aider Abbas-Pacha de ses conseils, pour le détourner de la voie
funeste où il s'est engagé, Mustapha a quitté le
Caire. Un journal de Smyrne annonce que ce départ a eu lieu du consentement du vice-roi, et
que Mustapha est même chargé d'une mission con-
fidentielle de son frère auprès de la Porte. Il est
facile de s'expliquer le but de cette version; mais
elle est inexacte.

Ce qui est vrai, c'est que Mustapha-Pacha, convaincu de l'inutilité de ses efforts, et voulant protester contre l'attitude et les résistances du vice-roi, a quitté l'Égypte, qu'il s'est embarqué à bord d'un steamer autrichien pour se rendre à Constantinople, où il va rejoindre les autres membres de sa famille et faire preuve de soumission aux ordres de son souverain.

Nous avons dit, en examinant l'issue possible du déplorable conflit qui existe entre la Porte et le pacha, que déjà, l'on avait songé à considérer le vice-roi comme incapable et à le traiter en mineur. Abbas-Pacha a fait, dans ces derniers temps, des actes qui sembleraient devoir justifier une pareille mesure.

Le vice-roi, nous dit-on, a fait inscrire en lettres d'or un firman par lequel il demande au prophète l'anéantissement de ses ennemis. Il a envoyé un de ses *kavas* porter ce firman sur le tombeau de Mahomet, avec ordre d'attendre la réponse. Le bateau à vapeur qui portait ce malheureux messager a fait naufrage en route.

En même temps, le vice-roi, frappé de vertige, et pressé par le déplorable état de ses finances, frappait d'une contribution extraordinaire de 250,000 bourses (25 millions de francs environ) le gouverneur d'une province qui ne pourrait fournir une pareille somme, même en dix ans.

Voilà où en est l'administration égyptienne, voilà en quelles mains elle est tombée, voilà l'homme avec lequel l'Angleterre aurait décidé du plus irritant, du plus vaste des problèmes de la politique extérieure ! Nous ne voulons pas le croire; pour l'honneur du cabinet anglais, et pour l'honneur de notre gouvernement, nous devons douter de l'exactitude de ces nouvelles !

Une convention de cette nature ne serait-elle pas frappée de nullité par tous les motifs? Abbas-Pacha n'est pas souverain de l'Égyte, il est le vassal du Sultan. Or, tous les principes qui régissent la suzeraineté défèrent au Sultan seul le droit de décider la question du passage de l'Inde. Ne pas reconnaître en pareil cas l'autorité de la Porte, c'est déchirer les traités, c'est bouleverser l'Orient de nouveau ; c'est donner à la Russie le droit de violer à son tour toutes les conventions qui la gênent; c'est en un mot mettre la France au ban des nations, c'est la rejeter en dehors du concert européen, comme on disait en 1840.

Notre gouvernement, et par ce mot nous entendons désigner l'ensemble des pouvoirs publics, notre gouvernement peut-il tolérer un pareil scandale, une pareille honte?

Nous espérons encore que non.

Paris. — Imprimerie Lange Lévy, 16, rue du Croissant.